Vente du Samedi 4 juin 1910
(SALLES SILVESTRE)

CATALOGUE

DE LA

BIBLIOTHÈQUE

DE FEU

M. A. BERTUCAT

Ancien Inspecteur des Forêts.

BEAUX-ARTS. — LIVRES ILLUSTRÉS
SCIENCES ET ARTS. — BELLES-LETTRES. — HISTOIRE

PARIS

ÉM. PAUL ET FILS ET GUILLEMIN

Libraires de la Bibliothèque Nationale

28, RUE DES BONS-ENFANTS, 28.

1910

LA VENTE AURA LIEU

Le Samedi 4 Juin 1910

à huit heures précises du soir

Dans les Salles de Ventes aux Enchères

DE LA LIBRAIRIE ÉM. PAUL ET FILS ET GUILLEMIN

28, rue des Bons-Enfants, 28 (Anciennes Maisons Silvestre et Labitte)

SALLE N° 1

Par le ministère de **Me GASTON FRANÇOIS**, Commissaire-Priseur

23, RUE LE PELETIER, 23

Assisté de **MM. ÉM. PAUL ET FILS ET GUILLEMIN**, Libraires-Experts.

28, RUE DES BONS-ENFANTS, 28

CONDITIONS DE LA VENTE

La vente se fait expressément au comptant.

Les adjudicataires paieront 10 pour cent en sus des enchères.

Il y aura exposition le jour de la vente, de 2 à 4 heures.

Les Experts se réservent la faculté, dans l'intérêt de la vente, de vendre séparément les articles réunis sous un seul numéro.

Les livres devront être collationnés dans les vingt-quatre heures de l'adjudication. Passé ce délai, ils ne seront repris pour aucune cause.

Les Libraires chargés de la vente rempliront, aux conditions d'usage, les commissions des personnes qui ne pourraient y assister.

CATALOGUE

DE LA

BIBLIOTHÈQUE

DE FEU

M. A. BERTUCAT

Ancien Inspecteur des Forêts

BEAUX-ARTS ET LIVRES ILLUSTRÉS

1. BARTHÉLEMY (l'abbé). Voyage du jeune Anacharsis en Grèce ; Nouvelle édition avec figures et atlas in-4. *Paris, Ledoux,* 1824-1825, 7 vol. gr. in-8 de texte, pap. vélin avec portr. et fig. par A. Tardieu et Colin et 1 atlas in-4 de 44 cartes ou pl. gr. et montées sur onglets, demi-rel. chag. vert, dos orné, fil. tête dor. non rog.

2. BIBLE (La Sainte) selon la vulgate. Traduction nouvelle avec les dessins de Gustave Doré. *Tours, Alfred Mame et fils,* 1866, 2 vol. in-fol. pl. et fig. gr. sur bois, cart. perc. r. fers spéciaux.

    Les 2 frontispices sont détachés des volumes.

3. — La Sainte Bible traduite en français par Lemaistre de Sacy accompagnée du texte latin de la Vulgate. Nouvelle édition, revue par M. l'abbé Jacquet et illustrée de nombreuses gravures sur acier. *Paris, Garnier,* 1867-1868, 6 vol. gr. in-8, nombr. portr. et pl. sur acier, demi-rel. v. f. avec coins, dos orné à petits fers, fil. tête dor. ébarbé.

4. BIBLIOTHÈQUE (Petite) de luxe des romans célèbres. *Paris, Quantin,* 1878-1885, 10 vol. in-8, pap. vergé chamois, texte encadré d'un fil. portr. nombr. fig. gr. à l'eau-forte et vign. br. couvertures.

    Collection complète.

5. BLANC (Charles). L'OEuvre de Rembrandt, décrit et commenté. Catalogue raisonné de toutes les estampes du Maître et de ses peintures, orné de bois gravés, de 40 eaux-fortes de Flameng et de 35 héliogravures d'Amand Durand. *Paris, Lévy*, 1873, 2 vol. gr. in-4, pl. gr. br.

6. BOCCACE. Les Dix Journées. Traduction de Le Maçon, réimprimée par les soins de D. Jouaust, avec notice, notes et glossaire par M. Paul Lacroix ; 11 eaux-fortes par Flameng. *Paris, Libr. des Bibliophiles*, 1873, 4 tomes en 10 vol. in-16, pap. de Hollande, fig. à l'eau-forte, br. couvertures.

  De la *Petite Bibliothèque artistique.*

7. BOSSUET : Discours sur l'Histoire universelle, avec une préface par M. Poujoulat. Gravures à l'eau-forte par V. Foulquier. — Oraisons funèbres, suivies du Sermon pour la profession de M⁽ᵐᵉ⁾ de La Vallière du Panégyrique de Saint Paul et du Sermon sur la vocation des Gentils, avec des notices par M. Poujoulat. Gravures à l'eau-forte par V. Foulquier. — *Tours, Mame*, 1869-1870. — Ens. 2 vol. gr. in-8, pap. vélin, portr. et front. sur Chine et vign. gr. br. *couvertures.*

8. CAMPAGNES des Français sous le Consulat et l'Empire. Album de 52 batailles et 100 portraits des maréchaux, généraux et personnages les plus illustres de l'époque et le portrait de Napoléon Iᵉʳ accompagné d'un fac-similé de sa signature. Collection de 60 planches, dite Carle Vernet, peintre d'histoire, faite d'après les tableaux de ce grand maître et les dessins de Sweebach. *Paris, Administration des Journaux réunis, s. d.* in-fol. front. pl. gr. et fac-similé, cart. perç. verte, fers spéciaux.

9. CARNOT (Sadi). Les Volontaires de la Côte-d'Or. Origines historiques, formation de 1789 et 1791, veillée des armes. *Paris, Hachette*, 1906, in-4. front. en couleur pl. et fac-similés, br. *couverture illustrée.*

10. CENT NOUVELLES (Les Dix Dizaines des) nouvelles réimprimées par les soins de D. Jouaust, avec notice, notes et glossaire par M. Paul Lacroix. Dessins gravés de Jules Garnier. *Paris, Libr. des Bibliophiles*, 1874, 4 tomes en 10 plaquettes in-16, pap. de Hollande, fig. gr. à l'héliogr. br. couvertures.

  De la *Petite Bibliothèque artistique.*

11. CHANSONNIER historique du XVIIIᵉ siècle (Recueil Clairambault-Maurepas), publié avec introduction, commentaire, notes et index, par Emile Raunié, orné de portraits à l'eau-

forte par Rousselle. *Paris, Quantin,* 1879-1885, 10 vol. in-12,
nombr. portr. gr. à l'eau-forte, br. couvertures.

12. CHEFS-D'ŒUVRE de l'Art antique. Architecture, peinture, sta-
tues, bas-reliefs, bronzes, mosaïques, vases, médailles,
camées, bijoux, meubles, etc., dessinés et gravés par les principaux artistes italiens. *Paris, Lévy,* 1867, 7 vol. in-4, 804 pl.
gr. en feuilles dans 7 cartons, perc. verte.

> Première série. Monuments de la vie des anciens, texte par M. Robiou ;
> 3 vol. — Deuxième série. Monuments de la peinture et de la sculpture,
> texte par M. F. Lenormant ; 4 vol.
> Collection complète.

13. CHÉRON DE VILLIERS. Marie-Anne Charlotte de Corday
d'Armont, sa vie, son temps, ses écrits, son procès, sa mort.
Paris, Amyot, 1865, gr. in-8, blason sur le titre, 22 portr. fig.
et fac-similés la plupart pliés, demi-rel. chag. r. avec coins,
dos orné, fil.

> Le feuillet contenant le classement des gravures et fac-similés
> manque.
> On a ajouté : Charlotte Corday, tragédie en cinq actes et en vers, par
> J.-B. Salles, publiée pour la première fois par M. Georges Moreau-Chas-
> lon. *Paris, Miard,* 1864, in-4, pap. vergé et fac-similé, br.

14. CHEVIGNÉ (le comte de). Les Contes Rémois. Dixième édition, ornée d'un nouveau portrait gravé à l'eau-forte par Flameng. *Paris, Lemerre,* 1873, in-12, pap. vergé, portr. br. *couverture.*

15. CHEVRIER (Jules). Châlon-sur-Saône pittoresque et démoli.
Environs et légendes à l'eau-forte et à la plume par Jules Chevrier... Introduction par Léopold Niepce... Postface du Dr Abel
Jeandet. *Paris, Quantin,* 1883, gr. in-4, pap. de Hollande, titre
et 30 pl. gr. à l'eau-forte, fig. et vign. br. *couverture.*

> Tiré à 300 exemplaires numérotés (n° 255).

16. CHRONIQUES du XVIIIe siècle, publiées par Roger de Parnes
avec préface de G. d'Heylli. *Paris, Rouveyre,* 1880-1882, 4 vol.
in-8, pap. vergé, frontispices, pl. gr. culs-de-lampe, br. *couvertures illustrées.*

> La Régence. — Anecdotes secrètes du règne de Louis XV. — Gazette
> anecdotique du règne de Louis XVI. — Le Directoire.

17. CLÉMENT (Félix). Les Musiciens célèbres depuis le XVIe siècle
jusqu'à nos jours. Ouvrage illustré de 44 portraits gravés à
l'eau-forte par Masson, Deblois et Massard et de trois reproductions héliographiques d'anciennes gravures, par A. Durand
Paris, Hachette, 1873. — Les Harmonies du son et l'histoire
des instruments de musique, par J. Rambosson. Ouvrage
illustré de 200 gravures de 5 planches chromolithographiques.

Paris, Firmin-Didot, 1878. — Ens. 2 vol. gr. in-8, portr. pl. et fig. en noir et en couleur, br.

18. COLLECTION Lahure. *Paris, Lahure*, 1883-84, 3 vol. in-8, pap. vélin, fig en couleur, br. *couvertures illustrées.*

> Tirage à petit nombre.
> Le Conte de l'Archer, par Armand Silvestre. — Voyage de Paris à Saint-Cloud par mer et retour de Saint-Cloud à Paris par terre, par Néel. — La Matrone du pays de Soung. Les deux jumelles (contes chinois), avec une préface par E. Legrand.

19. COLLECTION (Petite) antique. *Paris, Quantin*, 1878-1889, 13 vol. in-32, pap. vélin, texte encadré, fig. en couleur, br. *couvertures.*

> Jolis volumes imprimés avec le plus grand luxe, et ornés de figures tantôt dans le goût étrusque, tantôt en camaïeu ou en grisaille, dans le style byzantin à fond d'or ou dans le genre des décorations de Pompéi.
> Apulée. L'amour et Psyché. — Longus. Daphnis et Chloé. — Ovide. Les Amours. — Musée. Héro et Léandre. — Tatius. Leucippe et Clitophon. — Virgile. Les Bucoliques. — Lucien. Dialogue des Courtisanes. — Poésies de Anacréon et de Sapho. — Apollonius de Rhodes. Jason et Médée. — Horace. Odes et Epodes. — Théocrite. Les Idylles. — Properce. Les Elégies. — Catulle. Odes à Lesbie et Epithalame de Thétis et Pelée.

20. CONTES gaillards et Nouvelles parisiennes. *Paris, Rouveyre*, 1882-1883, 10 vol. in-8, pap. vélin teinté, frontispices, nombr. fig. br. *couvertures illustrées.*

> Chair à plaisir, par L.-V. Meunier. — Joyeux devis, par Th. Massiac. — Le Mal d'aimer, par René Maizeroy. — Doux larcins, par Flirt. — Le Péché d'Eve, par Armand Silvestre. — A huis clos, par Carolus Brio. — Mire lon la, par René Maizeroy. — Miettes d'amour, par L. V. Meunier. — Baisers tristes (par le même). — Pour se damner, par Jeanne Thilda.

21. CONTEURS (Petits) du XVIIIe siècle, publiés avec notices bio-bibliographiques par Octave Uzanne. *Paris, Quantin*, 1878-1883, 12 vol. in-8 de texte avec portr. pl. fig. et vign. gr. à l'eau-forte et fac-similés, br. et 12 albums pet. in-4 de front. et pl. gr. à l'eau-forte, en feuilles, dans 12 cartons dos de perc. r.

> Collection complète, moins l'album pour les *Contes* de Restif de La Bretonne ; par contre celui de Ch. Pinot Duclos *est en double.*

22. DANTE. L'Enfer avec les dessins de Gustave Doré. Traduction française de Pier-Angelo Fiorentino accompagnée du texte italien. *Paris, Hachette*, 1868, in-fol. portr. et pl. gr. sur bois, cart. perc. r. fers spéciaux.

> PREMIER TIRAGE.

23. DOCUMENTS sur les mœurs du XVIIIe siècle, publiés par Octave Uzanne avec préface, notes et index. *Paris, Quantin*, 1879-1883, 4 vol. gr. in-8, frontispices en couleur, vign. et

culs-de-lampe, demi-rel. mar. r. avec coins, tête dor. non rog. couvertures.

> La Chronique scandaleuse. — Anecdotes sur la Comtesse du Barry. — La Gazette de Cythère. — Les Mœurs secrètes du XVIIIe siècle.

24. DRIOUX (l'abbé). Les Fêtes chrétiennes. Ouvrage illustré de 4 chromolithographies, 31 gravures sur acier, tirées en bistre, 40 compositions sur bois, hors texte, imprimées en couleur, vignettes, têtes de pages, lettres ornées et fins de chapitres. *Paris, Jouvet*, 1880, gr. in-8, pl. et fig. en noir et en couleur, br. *couverture illustrée.*

25. DULAURE. Histoire physique, civile et morale de Paris... Septième édition augmentée de notes nouvelles et d'un appendice contenant des détails descriptifs et historiques sur tous les monuments récemment élevés dans la capitale, par J.-L. Belin. *Paris*, 1839, 4 vol. gr. in-8, nombr. fig. gr. par Rouargue et A. Tardieu et plans gr. et pliés. demi-rel. chag. violet, dos orné, fil. tête dor. ébarbé.

> L'Atlas a été relié à la suite du tome IV.
> Taches de rousseur.

26. DUPLESSIS (Georges). Histoire de la Gravure en Italie, en Espagne, en Allemagne, dans les Pays-Bas, en Angleterre et en France, suivie d'indications pour former une Collection d'estampes, contenant 73 reproductions de gravures anciennes exécutées pour-la plupart par le procédé de M. Amand Durand. *Paris, Hachette*, 1880, gr. in-8, nombr. portr. et pl. en photogravure et fig. sur bois,. br. *couverture illustrée.*

27. DURUY (Victor). Histoire des Grecs depuis les temps les plus reculés jusqu'à la réduction de la Grèce en province romaine. Nouvelle édition revue, augmentée et enrichie d'environ 2000 gravures dessinées d'après l'antique et 50 cartes ou plans. *Paris, Hachette*, 1887-89, 3 vol. gr. in-8, nombr. fig. pl. et cartes en noir et en couleur, demi-rel. chag. vert avec coins, dos orné, fil. tête dor. non rog. (*Magnier.*)

28. — HISTOIRE DES ROMAINS depuis les temps les plus reculés jusqu'à l'invasion des Barbares. Nouvelle édition revue, augmentée et enrichie d'environ 3000 gravures dessinées d'après l'antique et de 100 cartes ou plans. *Paris, Hachette*, 1885, 7 vol. gr. in-8, nombr. fig. pl. et cartes en noir et en couleur, demi-rel. chag. vert avec coins, dos orné, fil. tête dor. non rog. (*Magnier.*)

29. ESÇAYRAC DE LAUTURE (le Comte d'). Mémoires sur la Chine. Introduction, Histoire, Religion, Gouvernement, Coutumes.

Paris, Librairie du Magasin pittoresque, 1865, 5 parties en
1 vol. gr. in-4, nombr. fig. et cartes br.

30. ETATS-UNIS et Canada. L'Amérique du Nord pittoresque.
Ouvrage rédigé par une réunion d'écrivains américains sous
la direction de W. Cullen Bryant ; traduit, revu et augmenté
par Bénédict-Henry Revoil. *Paris, Quantin*, 1880, gr. in-4,
nombr. fig. sur bois et carte en couleur, br.

31. EVANGILES (Les Saints). Traduction de Bossuet. *Paris,
Hachette*, 1873, 2 vol. gr. in-fol. pap. vélin, texte encadré
d'un double fil. r. front. pl. et fig. en feuilles dans des cartons de perc. brune.

> Traduction tirée des Œuvres de Bossuet par H. Wallon, enrichie de
> 128 grandes compositions gravées à l'eau-forte, d'après les dessins origi-
> naux de Bida, et de 290 titres ornés, têtes de chapitre, culs-de-lampe,
> gravés sur acier par L. Gaucherel, d'après les dessins de Ch. Rossi-
> gneux.

32. FEBVRE (Fr.) et T. JOHNSON. Album de la Comédie Française.
Paris, Ollendorff, 1880, gr. in-4, texte encadré d'un double
fil. r. titre, front., 23 portr. gr. à l'eau-forte par Abot et fac-
similé, br.

33. GOETHE. Faust, traduction de J. Porchat, revue par B. Lévy.
Paris, Hachette, 1878, in-fol. texte encadré d'un fil. r. front.
et 13 pl. sur acier, fig. cart. perc. r. fers spéciaux, tête dor.

34. — Les Femmes de Goethe. Dessins de W. de Kaulbach,
avec un texte par Paul de Saint-Victor. *Paris, Hachette*, 1872,
in-fol. front. et 20 pl. gr. sur acier, cart. perc. r. fers spéciaux,
tête dor.

35. GONSE (Louis). L'Art ancien (et moderne) à l'Exposition de
1878, par MM. Ed. de Beaumont, Th. Biais, Duranty, Henry
Havard... sous la direction de M. Louis Gonse. *Paris, Quantin*, 1879, 2 vol. gr. in-8, nombr. pl. gr. à l'eau-forte et en
héliogravure, br. *couvertures illustrées*.

36. GRANDVILLE (J.-J.). Les Fleurs animées. Texte par Alph.
Karr, Taxile Delord et le Cte Fœlix. Nouvelle édition avec
planches très soigneusement retouchées pour la gravure et le
coloris par M. Maubert. *Paris, Garnier*, 1867, 2 vol. gr. in-8,
2 front. 50 pl. gr. et *coloriées* et 2 pl. de botanique, demi-rel.
chag. brun avec coins, dos orné.

37. GUEULETTE (Charles). Répertoire de la Comédie-Française,
avec préfaces par Armand Silvestre (Th. de Banville, Arsène
Houssaye, Ed. Thierry, H. de Bornier, Francisque Sarcey,
H. de Lapommeraye et A. Kaempfen). *Paris, Librairie des*

Bibliophiles, 1884-1891, 8 vol. pet. in-12, pap. vergé, 8 portr. gr. à l'eau-forte par Abot, br. *couvertures*.

Tomes I à VIII.

38. GUIFFREY (Jules). Antoine Van Dyck, sa vie et son OEuvre. *Paris, Quantin*, 1882, in-fol. pap. vélin, nombr. pl. à l'eau-forte, en héliogravure et fig. cart. perc. grise, non rog.

39. GUILLON (Charles). Chansons populaires de l'Ain. Préface de Gabriel Vicaire. Illustrations de : L. Barillot, Beauverie, H. Bidault... 12 gravures hors texte. *Paris, Monnier*, 1883, gr. in-8, pl. gr. et musique notée, br. couverture.

40. GUINOT (Eugène). L'Eté à Bade, illustré par Tony Johannot, Eug. Lami, Français et Daubigny. Quatrième édition, précédée d'une notice sur l'auteur par Jules Janin et de l'inauguration de l'embranchement de Strasbourg à Kehl par M. Amédée Achard. *Paris, Bourdin, s. d.* gr. in-8, 2 portr. sur Chine de Sandoz, 12 pl. gr. sur acier, 6 planches de costumes coloriées, carte en couleur, vignettes sur bois, br.

Exemplaire avec sa *couverture illustrée* très fraîche.

41. HAVARD (Henry). La Hollande à vol d'oiseau. Eaux-fortes et fusains par Maxime Lalanne. Troisième édition. *Paris, Decaux*, 1882, gr. in-8, front. 23 pl. en héliogravure, fig. et carte en couleur, demi-rel. v. f. avec coins, dos orné, fil. tête dor.

42. HENRIET (Frédéric). C. Daubigny et son œuvre gravé. *Paris, Lévy*, 1875, 7 pl. gr. à l'eau-forte et en héliogravure.— Le Paysagiste aux champs. *Paris, Lévy*, 1876, 2 parties en 1 vol. 20 pl. gr. à l'eau-forte (*Ex. numéroté sur papier teinté, n° 21*). — Traité de la Gravure à l'eau-forte, texte et gravures par Maxime Lalanne, avec une lettre-préface de Charles Blanc. *Paris, Quantin*, 1879, 10 pl. gr. à l'eau-forte. — Ens. 3 vol. gr. in-8, pl. br.

43. HISTOIRE (L'). de Joseph, traduite de la Sainte Bible, traduite par Lemaistre de Sacy. *Paris, Hachette*, 1878, gr. in-fol. pap. vélin, texte encadré d'un double fil. r. 20 pl. à l'eau-forte par Bida, nombr. vign. et culs-de-lampe gr. sur bois, cart. perc. r. fers spéciaux.

44. HOLMES (Oliver-Wendell). La Dernière feuille. Poème illustré par George Wharton, Edwards et F. Hopkinson Smith (traduit de l'anglais, par H. Gausseron). *Paris, Quantin*, 1887, in-4, portr. fig. et pl. gr. demi-rel. vélin, fers spéciaux, tête dor.

Exemplaire sur papier vélin, n° 41, monté sur onglets.

45. HORACE, traduction en vers du Comte Siméon. *Paris, Librairie des Bibliophiles*, 1873-1874, 3 vol. in-8, pap. de Hollande, portr. front. et nombr. vign. gr. br. *couvertures.*

46. HOUSSAYE (Arsène). Les Cent et un Sonnets. *Paris, Maury, s. d.* (1874), in-4, portr. et 7 pl. gr. à l'eau-forte, br. *couverture.*

Exemplaire sur papier vélin (n° 181).

47. JACQUEMART (Albert). Histoire de la Céramique. Etude descriptive et raisonnée des poteries de tous les temps et de tous les peuples. Ouvrage contenant 200 figures sur bois par H. Catenacci et J. Jacquemart, 12 planches gravées à l'eau-forte par J. Jacquemart et 1000 marques de monogrammes. *Paris, Hachette*, 1873, gr. in-8, pl. à l'eau-forte et nombr. fig. br. *couverture illustrée.*

48. JOINVILLE. Histoire de Saint Louis, Credo et Lettre à Louis X ; texte original, accompagné d'une traduction, par M. Natalis de Wailly. *Paris, Firmin-Didot*, 1874, fort vol. gr. in-8, nombr. pl. en chromolithog. et en photogravure, fac-similés, cartes en couleur et fig. sur bois, br. *couverture.*

On a ajouté : Jean, Sire de Joinville (Histoire de Saint Louis). Analyse historique et littéraire, par Marius Sepet. Gr. in-8 de 24 pp. br. — Saint Louis et son Siècle, par le V° Walsh. Nouvelle édition. *Tours, Mame,* 1854, in-8, front. et pl. gr. demi-rel. chag. brun, dos orné.

49. LA BÉDOLLIÈRE (Emile de). Londres et les Anglais, illustrés par Gavarni. *Paris, Gustave Barba, s. d.* (1862), gr. in-8, texte encadré d'un triple filet noir, portr. et 23 pl. gr. sur bois, br. *couverture illustrée.*

PREMIER TIRAGE.

50. LACROIX (Paul). LE MOYEN AGE ET LA RENAISSANCE. Histoire et Description des mœurs et usages du commerce et de l'industrie, des sciences, des arts, des littératures et des beaux-arts en Europe. Direction littéraire de M. Paul Lacroix. Direction artistique de M. Ferdinand Seré. Dessins fac-similé par M. A. Rivaud. *Paris*, 1848-1851, 5 vol. in-4, nombr. pl. et fig. en noir et en couleur, demi-rel. mar. r. avec coins, dos orné, fil. tête dor.

Quelques piqûres d'humidité.

51. — XVII° siècle : Lettres, Sciences et Arts ; Institutions, usages et costumes. — XVIII° siècle : Lettres, Sciences et Arts ; Institutions, usages et costumes. — *Paris, Firmin-Didot*, 1875-1882. — Ens. 4 vol. in-4, nombr. pl. et fig. en noir et en couleur, demi-rel. chag. r. avec coins, dos orné, fil. tête dor. ébarbé.

52. LA FONTAINE. Contes, avec illustrations de Fragonard. Réimpression de l'édition de Didot, 1795, revue et augmentée d'une notice par M. Anatole de Montaiglon. *Paris, Le Vasseur*, 1884, 2 tomes en 50 livraisons in-4, pl. gr. *couvertures*.

53. — Fables, avec les dessins de Gustave Doré. *Paris, Hachette*, 1868, pet. in-fol. texte encadré d'un double fil. noir, port. pl. vign. et culs-de-lampe gr. sur bois, demi-rel. chag. r. dos orné, plats perc. fers spéciaux.

PREMIER TIRAGE.

54. — Fables. Notices par M. Poujoulat, 50 gravures et un portrait à l'eau-forte, par V. Foulquier. *Tours, Mame*, 1875, gr. in-8, portr. sur Chine et fig. demi-rel. mar. r. avec coins, dos orné, fil. tête dor. non rog.

55. — Fables. Edition illustrée de 75 planches à l'eau-forte par A. Delierre. *Paris, Quantin*, 1883, 2 tomes en 13 livraisons in-4, pap. vélin, portr. et pl. à l'eau-forte, br. *couvertures*.

56. — Fables, publiées par D. Jouaust, avec l'éloge de La Fontaine par Chamfort. Dessins d'Emile Adan gravés à l'eau-forte par Le Rat, 2 vol. — Contes, publiés par D. Jouaust, avec une préface de Paul Lacroix. Dessins d'Ed. de Beaumont gravés à l'eau-forte par Boilvin, 2 vol. — *Paris, Librairie des Bibliophiles*, 1885. — Ens. 4 vol. in-16, pap. de Hollande, portr. et fig. gr. à l'eau-forte, br. *couvertures*.

De la *Petite Bibliothèque artistique*.

57. — Suite de 2 titres, 1 frontispice et 179 figures (sur 275) gravés par Simon et Coiny d'après les dessins de Vivier pour les *Fables*, édition *Paris, Simon et Coiny, s. d.* (1796) en 2 vol. in-8, demi-rel. bas. brune ant.

Epreuves AVANT LES NUMÉROS, grandes de marges.

58. LASSERRE (Henri). Notre Dame de Lourdes. Edition illustrée d'encadrements variés à chaque page et de chromolithographies, scènes, portraits, vues à vol d'oiseau, cartes et paysages. *Paris, Palmé*, 1877, gr. in-8, texte encadré, front. pl. et fig. en noir et en couleur, demi-rel. chag. r. avec coins, dos orné, fil. tête dor. non rog.

59. LECOY DE LA MARCHE (A.). Saint-Martin. *Tours, Mame*, 1881, gr. in-8, front. et pl. en chromolithog. et fig. demi-rel. chag. r. avec coins, dos orné, fil. tête dor. non rog.

60. LONGUS. Les Pastorales, ou Daphnis et Chloé. Traduction de Jacques Amyot, revue par Paul-Louis Courier. Introduction par M. Henry Houssaye. Figures de Prudhon et vignettes

d'Eisen. *Paris, Maury, s. d.* (1873), in-4, front. et 9 pl. gr.
dont 6 sur Chine, br. *couverture.*

Exemplaire sur papier vélin (n° 228).

61. Lonlay (Dick de) : Français et Allemands. Histoire anecdo-
tique de la guerre de 1870-1871 ; 3 vol. — L'Armée de l'Est,
par Grenest ; 2 vol. — L'Armée de la Loire (par le même) ;
2 vol. — *Paris, Garnier,* 1887-1895. — Ens. 7 vol. in-8,
nombr. fig. cartes et plans, br. *couvertures illustrées.*

62. Loth (Arthur). Saint Vincent de Paul et sa Mission sociale.
Introduction par Louis Veuillot. Appendices par A. Baudon,
E. Cartier, A. Roussel. *Paris, Dumoulin,* 1880, in-4, pl. à
l'eau forte, en héliogravure, en chromolithog. et nombr. fig.
sur bois, demi-rel. chag. r. avec coins, dos orné, fil. tête dor.
ébarbé.

63. Mantz (Paul). François Boucher, Lemoine et Natoire. *Paris,
Quantin,* 1880, in-fol. pap. vélin, nombr. pl. en héliogravure
et fig. cart. perc. grise, non rog.

64. — Hans Holbein. Dessins et gravures sous la direction de
Edouard Lièvre. *Paris, Quantin,* 1879, in-fol. nombr. pl. en
héliogravure et fig. cart. perc. grise, non rog.

65. Marguerite de Navarre. Les Marguerites de la Marguerite
des Princesses. Texte de l'édition de 1547 publié avec introduction, notes et glossaire par Félix Franck et accompagné de la
reproduction des gravures sur bois de l'original et d'un portrait
de Marguerite de Navarre. *Paris, Libr. des Bibliophiles,* 1873,
4 vol. in-16, pap. vergé, portr. gr. et vign. sur bois, br. *couvertures.*

Du *Cabinet du Bibliophile.*

66. Millevoye. Œuvres. Édition publiée avec des pièces nouvelles et des variantes par P. L. Jacob bibliophile (P. Lacroix).
7 eaux-fortes par Ad. Lalauze. *Paris, Quantin,* 1880, 3 vol.
in-8, portr. et fig. gr. et fac-similé, br. *couverture.*

67. Milton. Le Paradis perdu, traduction de Chateaubriand, précédé de réflexions sur la vie et les écrits de Milton, par Lamar-
tine et enrichi de 27 magnifiques estampes originales gravées
au burin sur acier. *Paris, Rigaud,* 1868, in-fol. front. 3 portr.
et pl. gr. sur acier, demi-rel. chag. r. dos orné, plats perc. fil.
tr. dor.

68. Molière. Les Pièces publiées séparément avec dessins de
Louis Leloir, gravés par Champollion. Notices et notes par
Aug. Vitu et G. Monval. *Paris, Librairie des Bibliophiles,*

Flammarion, successeur, 1888-1896, 30 vol. in-16, fig. br. *couvertures.*

'L'Etourdi. — Dépit amoureux. — Les Précieuses ridicules. — Sgana-relle, ou le Cocu imaginaire. — Dom Garcie de Navarre. — L'Ecole des Maris. — Les Fâcheux. — L'Ecole des Femmes. — La critique de l'Ecole des Femmes. — L'Impromptu de Versailles. — Le Mariage forcé. — La Princesse d'Elide. — Don Juan. — L'Amour médecin. — Le Misanthrope. — Le Médecin malgré lui. — Mélicerte. — Le Sicilien. — Amphitryon. — George Dandin. — L'Avare. — Tartuffe. — Monsieur de Pourceaugnac. — Les Amants magnifiques. — Le Bourgeois Gentilhomme. — Psyché. — Les Fourberies de Scapin. — La Comtesse d'Escarbagnas. — Les Femmes savantes. — Le Malade imaginaire.

Exemplaires sur PAPIER DU JAPON avec les figures en triple état, avec AVANT LA LETTRE et AVEC REMARQUES..

On a ajouté : Chronologie Moliéresque, par Georges Monval. Portrait d'après Mignard, gravé à l'eau-forte par Champollion. *Paris, Flammarion,* 1897, in-16, portr. br. *couverture.*

69. MUNTZ (Eugène). Raphaël, sa vie, son œuvre et son temps. Ouvrage contenant 155 reproductions de tableaux ou fac-si-milés de dessins insérés dans le texte et 41 planches tirées à part. *Paris, Hachette,* 1881, gr. in-8, pl. gr. en noir et en cou-leur, fig. demi-rel. chag. r. avec coins, dos orné, fil. tête dor. non rog. (*Magnier*.)

70. NODIER (Charles). Bertram, ou le Château de St-Aldobrand, tragédie en 5 actes. Traduit librement de l'anglois du Rév. R. C. Mathurin, par MM. Taylor et Ch. Nodier. *Paris, Ladvo-cat,* 1821, in-4, pl. cart. non rog.

Un des rares exemplaires de ce format sur grand papier contenant 5 planches de Fragonard.

ENVOI AUTOGRAPHE de Charles NODIER à son ami Chevillard.

71. OUVRAGES publiés par la Librairie Hurtrel. *Paris, Georges Hurtrel,* 1881-1884. — Réunion de 4 vol. in-16 et gr. in-8, br. *couvertures illustrées,* dont 3 dans des emboîtages en perc. r. fers spéciaux.

Mme Alice Hurtrel : Souvenirs du règne de Henri IV. Les Amours de Catherine de Bourbon, sœur du roi et du comte de Soissons, front. et fig. ; Les Aventures romanesques d'un comte d'Artois, fig. en noir et en couleur. — La Grande Diablerie, poème du XVe siècle, par Eloy d'Amer-val, front. et fig. — La Vie de Ste Catherine d'Alexandrie, par Jean Mielot. Texte revu et rapproché du français moderne, par Marius Sepet, texte encadré. front. pl. et fig. en noir et en couleur.

72. — publiés par la Librairie Rouveyre. *Paris, Rouveyre et Blond,* 1878-1882. — Réunion de 13 vol. in-12 et in-8, fron-tispices et fig. br, *couvertures illustrées.*

Octave Uzanne : Le Bric-à-brac de l'amour ; Les Surprises du cœur. — Léon de Labessade : Le Droit du seigneur et la Rosière de Salency ; Les Ruelles du XVIIIe siècle ; 2 vol. — Léon Cladel : L'Amour romantique. — Prosper Blanchemain : Poèmes et poésies ; 2 vol. — Théâtre des Boule-vards, précédé d'une préface par Georges d'Heylli ; 2 vol. — Les Quatre Heures de la toilette des Dames, poèm ér... par de Favre. Réimpression sur l'édition de Paris. Bastien, 1779. — Le Culte, par Satin. Dessins de

Mesplès, gravés par Oudart. — Ce sont les Secrets des Dames deffendus à révéler, publiés pour la première fois d'après des manuscrits du XVe siècle.

73. OVIDE. Fables choisies tirées des Métamorphoses d'Ovide. Gravures de Bernard Picart et d'après Lebrun. Texte par René Ménard. *Paris, Lévy*, 1878, 2 tomes en 8 livraisons in-fol. 80 pl. en feuilles dans des cartons.

74. PALISSOT. Œuvres. Nouvelle édition considérablement augmentée, enrichie de figures. *Liège, Planteux*, 1777, 6 vol. in-8, portr. et 18 fig. par Monnet et Méon, v. ant. racine, dos orné, fil.

75. PARIS dans sa splendeur. Monuments, vues, scènes historiques, description et histoire. Dessins et lithographies par MM. Ph. Benoist... vignettes de Félix Benoist et Catenacci, exécutées sur bois par les premiers graveurs. Texte par MM. Audiganne, Bailly, Carissan, Darcel, L. Enault, V. Fournel, Ed. Fournier, etc. *Paris, Charpentier*, 1861, 3 vol. gr. in-fol. nombr. pl. lithog. noires et teintées et tirées sur Chine et vign. sur bois, demi-rel. bas. bleue.

Piqûres d'humidité.

76. PEINTRES (Grands) français et étrangers. Ouvrage d'art publié avec le concours artistique des maîtres. Texte par les principaux critiques d'art. *Paris, Launette*, 1884-1886, 2 tomes en 8 livraisons in-fol. pap. vélin, nombr. pl. en photogravure et fig. noires et en couleur, dans 8 cartons, dos de perc. grise.

Tirage de grand luxe.
Un des 25 exemplaires numérotés sur PAPIER DU JAPON (nᵒ 19) avec les planches hors texte en double état et le tirage à part des photogravures du texte également sur JAPON.

77. PRÉVOST (L'abbé). Histoire de Manon Lescaut et du chevalier des Grieux (par l'abbé Prévost), précédée d'une étude par Arsène Houssaye. Six eaux-fortes par Hédouin, 2 vol. — Fables par P. Claris de Florian, avec une préface par Honoré Bonhomme. Dessins d'Emile Adan, gravés à l'eau-forte par Le Rat. — *Paris, Libr. des Bibliophiles*, 1874-1886. — Ens. 3 vol. in-16, pap. de Hollande, portr. et eaux-fortes, br. *couvertures*.

De la *Petite Bibliothèque artistique*.

78. QUICHERAT (J.). Histoire du Costume en France depuis les temps les plus reculés jusqu'à la fin du XVIIIe siècle. Ouvrage contenant 481 gravures dessinées sur bois d'après les documents authentiques par Chevignard, Pauquet et P. Sellier. *Paris, Hachette*, 1875, gr. in-8, fig. sur bois, br. *couverture illustrée*.

79. Racine. OEuvres, avec les variantes et les imitations des auteurs grecs et latins, publiées par Petitot. *Paris, Mame*, 1810, 5 vol. in-8, vign. sur le titre, portr. par Santerre et 12 fig. par Le Barbier l'aîné, cart. dos de bas. brune, non rog.

80. Rohault de Fleury. L'Evangile. Etudes iconographiques et archéologiques. *Tours, Mame*, 1874, 2 vol. in-4, front. et 99 pl. gr. cart. perc. r. fers spéciaux.

81. Rousset (le lieutenant-colonel). Histoire générale de la guerre franco-allemande (1870-71). Nouvelle édition, revue et corrigée. *Paris. Montgredien*, 1900, 6 vol. de texte avec portr. et nombr. pl. et 1 atlas in-8, de 54 cartes gr. et montées sur onglets, demi-rel. chag. r. dos orné, plats perc.

82. Saint-Pierre (Bernardin de). Paul et Virginie Dessins par de La Charlerie. *Paris, Lemerre*, 1868, in-4, texte encadré d'une bordure bleue, portr. pl. et fig. cart. perc. r. fers spéciaux.

83. — Paul et Virginie. Illustrations de Maurice Leloir. *Paris, Launette*, 1887, gr. in-8, pap. vélin, 12 pl. à l'eau-forte et nombr. fig. sur bois, br. *couverture illustrée*.

84. Sainte-Beuve : Galerie des Femmes célèbres, tirée des Causeries du lundi, illustrée de 13 portraits gravés au burin... d'après les dessins de M. G. Staal. — Nouvelle Galerie des Femmes célèbres tirée des Causeries du lundi, des Portraits littéraires, etc., illustrée de portraits gravés au burin... d'après les dessins de M. G. Staal ; 10 portr. — *Paris, Garnier*, 1865. — Ens. 2 vol. gr. in-8, 23 port. gr. sur acier demi-rel. chag. brun avec coins, dos orné.

85. Seignobos (Charles). Scènes et épisodes de l'Histoire nationale. Illustrés de 60 compositions inédites. *Paris, Armand Colin*, 1891, in-4, pl. gr. br.

86. Shakspeare. Roméo et Juliette. Traduction de Daffry de La Monnoye. Illustrations d'Andriolli. Gravures de Huyot. *Paris, Firmin-Didot, s. d.* (1886), gr. in-4, 10 pl. gr. demi-rel. mar. grenat avec coins, dos orné, fil. tête dor. ébarbé.
    Mouillure.

87. Sonnets et Eaux-fortes. *Paris, Lemerre*, 1869, in-4, pap. vergé, titre dans un encadrement gr. sur bois et 42 pl. gr. à l'eau-forte, demi-rel. mar. r. avec coins, tête dor. ébarbé. (*David*.)
    Tiré seulement à 350 exemplaires.

88. Tasse (le). La Jérusalem délivrée (poème du Tasse) en vers françois. Par L. P. M. F. Baour-Lormian, *Paris, Didot l'aîné*, 1796, 2 vol. in-4, front. et 40 pl. par Cochin, demi-rel. chag. brun avec coins, dos orné, fil.

89. UzANNE (Octave). L'Eventail. Illustrations de Paul Avril. *Paris, Quantin,* 1882, gr. in-8, nombr. fig. en couleur, br. couverture illustrée, non rog. dans un cartonnage artistique en satin bleu.

90. — La Femme à Paris. Nos Contemporaines. Notes successives sur les Parisiennes de ce temps dans leurs divers milieux, états et conditions. Illustrations de Pierre Vidal. *Paris, Quantin.* 1894, gr. in-8, nombr. fig. et pl. en noir et en couleur, br. *couverture illustrée.*

91. — Le Miroir du Monde. Notes et sensations de la vie pittoresque. Illustrations en couleur d'après Paul Avril. *Paris, Quantin,* 1888, pet. in-4, pap. vélin de Hollande, fig. en couleur, br. *couverture illustrée,* dans un emboîtage artistique en cuir japonais.

92. — L'Ombrelle, le Gant, le Manchon. Illustrations de Paul Avril. *Paris, Quantin,* 1883. gr. in-8, nombr. fig. en couleur, br. couverture illustrée dans un cartonnage artistique en satin rose.

93. VECELLIO (Cesare). Costumes anciens et modernes. Habiti antichi e moderni di tutto il mondo ; précédés d'un essai sur la gravure sur bois par M. Amb. Firmin-Didot. *Paris, Firmin-Didot,* 1860, 2 vol. in-8, titres et texte encadrés et nombr. fig. de costumes, demi-rel. chag. vert, dos orné, plats perc. tête dor.

94. VÉTAULT (Alphonse). Charlemagne. Introduction par Léon Gautier. *Tours, Mame,* 1877, gr. in-8, front. pl. en noir et en couleur, carte et fac-similé, demi-rel. mar. r. avec coins, dos orné, fil. tête dor. non rog.

95. VEUILLOT (Louis). Jésus-Christ, avec une étude sur l'art chrétien, par E. Cartier. Ouvrage contenant 180 gravures exécutées par Huyot père et fils et 16 chromolithographies, d'après les Monuments de l'Art depuis les Catacombes jusqu'à nos jours. Deuxième édition. *Paris, Firmin-Didot,* 1875, gr. in-8, front. pl. et fig. en noir et en couleur, demi-rel. chag. r. avec coins, dos orné, fil. tête dor. non rog. (*Smeers.*)

96. VILLE-HARDOUIN (Geoffroy de). La Conquête de Constantinople, avec la continuation de Henri de Valenciennes ; texte original, accompagné d'une traduction par M. Natalis de Wailly. *Paris. Firmin-Didot,* 1872, gr. in-8, carte en couleur et vign. sur bois, br. *couverture.*

97. Vitu (Auguste). Paris. 500 dessins inédits d'après nature. *Paris, Quantin, s. d.* (1889), gr. in-4, nombr. fig. et pl. en phototypie, demi-rel. chag. bleu avec coins, tête dor. non rog. *couverture illustrée.*

98. Wallon (H.). Jeanne d'Arc. Edition illustrée d'après les monuments de l'Art depuis le quinzième siècle jusqu'à nos jours. *Paris, Firmin-Didot,* 1876, gr. in-8, front. nombr, pl. en photogravure et en chromolithog. fig. sur bois et carte, demi-rel. chag. r. avec coins, dos orné, fil. tête dor.

99. — Saint-Louis. *Tours, Mame,* 1878, gr. in-8, front. et nombr. pl. cartes et fig. en noir et en couleur, demi-rel. chag. r. avec coins, dos orné et fleurdelisé, fil. tête d'or. non rog,

***

SCIENCES ET ARTS. — BELLES-LETTRES. — HISTOIRE.

100. Botanique populaire illustrée. Flore pittoresque de la France... publiée sous la direction de J. Rothschild avec le concours de MM. G. Heuzé, Bouquet de La Grye, Stanislas Meunier, J.-Pizzetta, B. Verlot... orné de 1000 gravures, avec atlas de 82 planches en chromo et une carte agricole. Deuxième édition. *Paris, Rothschild, s. d.* in-4, fig. pl. et carte en noir et en couleur, br. *couverture illustrée.*

101. Cabinet de Vénerie publié par E. Jullien et Paul Lacroix. *Paris, Librairie des Bibliophiles,* 1880-1886, 12 vol. in-16, br. *couvertures.*

> Discours de l'antagonie du chien et du lièvre.—La Chasse du loup.— Le Bon Varlet de chiens. — Le Livre de l'art de faulconnerie et des chiens de chasse ; 2 vol. — Débat entre deux Dames sur le passetemps des chiens et des oiseaux, suivi de la Chasse royale. — Le Livre du roi Dancus. — La Conférence des Fauconniers. — La Muse chasseresse. — Le Lièvre, poème. — Les Grandes Chasses au XVI⁰ siècle. — L'Eglise et la Chasse, par H. Gourdon de Genouillac.
> Exemplaires numérotés sur papier de Chine, sauf le dernier ouvrage qui est sur papier de Hollande, non numéroté.

102. Cordier (F.-S.). Les Champignons. Histoire, descriptions culture, usages des espèces comestibles, vénéneuses, suspecte, employées dans les arts, l'industrie, l'économie domestique, la médecine... orné de vignettes et de 60 chromolithographies dessinées d'après nature, par A.-D. Cordier. Quatrième édition revue et augmentée. *Paris, Rothschild,* 1876, gr. in-8, pl. en couleur et fig. br. *couverture illustrée.*

103. DECAISNE (J.) et Ch. NAUDIN. Manuel de l'Amateur des jardins. Traité général d'horticulture. Ouvrage accompagné de figures dessinées par A. Riocreux, gravées par F. Leblanc. *Paris, Firmin-Didot, s. d.* (1862-1868), 4 vol. in 8, fig. demi-rel. v. f. avec coins, dos orné, fil.

> On a ajouté : la Théorie du jardinage, par M. l'abbé Roger Schabol, ouvrage rédigé après sa mort sur ses Mémoires, par M. D*** (de La Ville-hervé). Nouvelle édition. *Paris, Debure l'aîné,* 1785, in-12, portr. 5 pl. gr. demi-rel. chag. brun avec coins.

104. DU FOUILLOUX. La Vénerie. Dédié au Roy, de nouveau reveue et augmentée du Miroir de Fauconnerie. *Rouen, C. Malassis,* 1650, 2 parties en 1 vol. in-4, vign. sur les titres, nombr. fig. gr. sur bois, vélin.

> Cette édition renferme la *Chasse du Loup* de Clamorgan.
> Incomplet des feuillets 87 à 94. — Raccommodages, déchirures et cassures ; mouillures.

105. ESCRIME et DUEL. — Réunion de 4 volumes, in-8, nombr. portr. pl. et fig. gr. br. *couvertures illustrées.*

> Les Salles d'Armes de Paris, par A. de Saint-Albin. *Paris, Glady,* 1875, papier vergé. — L'Escrime et le Duel, par C. Prévost et G. Jollivet. *Paris, Hachette,* 1891. — Baron de Vaux : Les Hommes d'épée. Préface par Aurélien Scholl. *Paris, Glady,* 1875, papier vergé ; Les Duels célèbres. Préface par Aurélien Scholl. *Paris, Rouveyre,* 1884, papier vergé.

106. FIGUIER (Louis). La Terre avant le Déluge. — L'Homme primitif. — Les Races humaines. — La Terre et les Mers. — La Vie et les mœurs des animaux. — Les Mammifères. — Les Oiseaux. — Les Insectes. — Les Animaux articulés, les poissons et les reptiles. — Histoire des plantes. — *Paris, Hachette,* 1866-1876. — Ens. 10 vol. gr. in-8, pl. et cartes en noir et en couleur et nombr. fig. gr. sur bois, br. *couvertures.*

107. GAYFFIER (Eugène de) : Herbier forestier de la France. Reproduction par la photographie d'après nature et de grandeur naturelle des principales plantes ligneuses qui croissent spontanément en forêt. Description botanique. Situation. Culture. Qualités. Usages. Ouvrage orné de 200 photographies. Reproduites en phototypie par G. Arosa et Cie. *Paris, Rothschild,* 1868-1873, 2 vol. in-fol. pl. en feuilles dans 4 cartons dos de perc. verte.

108. KOTSCHY (le D^r Th.). Les Chênes de l'Europe et de l'Orient. Descriptions et figures de toutes les espèces, suivies de considérations sur leur culture dans l'Europe centrale, accompagnées de 40 planches chromolithographiées. *Paris, Rothschild,* 1864, in-fol. texte en latin, allemand et français, 40 pl. en couleur cart. dos de perc. brune.

109. Le Maout (Emm.) et J. Decaisne. Traité général de Botanique descriptive et analytique. Première partie : Abrégé d'organographie, d'anatomie et de physiologie. Deuxième partie : Iconographie, description et histoire des familles. Ouvrage contenant 5.500 figures dessinées par MM. L. Steinheil et A. Riocreux. *Paris, Firmin-Didot*, 1868, in-4, nombr. fig. gr. sur bois, demi-rel. chag. brun avec coins, dos orné, fil. tête r. ébarbé.

110. Musée entomologique illustré. Histoire naturelle iconographique des insectes publiée par une réunion d'Entomologistes français et étrangers sous la direction de J. Rothschild. *Paris, Rothschild*, 1876-1878, 3 vol. in-4, pl. en couleur et fig. br.

Collection complète comprenant : Les Coléoptères, avec 48 planches en couleur et 335 vignettes. — Les Papillons, avec 50 planches en couleur et 260 vignettes. — Les Insectes, avec 24 planches en couleur et 460 vignettes.

111. Orbigny (Ch. d'). Dictionnaire universel d'Histoire naturelle résumant et complétant tous les faits présentés par les Encyclopédies... par MM. Arago, Audouin, Bazin, Becquerel, Blanchard... dirigé par M. Charles d'Orbigny et enrichi d'un atlas de planches gravées sur acier. *Paris, Renard et Martinet*, 1841-1849, 13 vol. à 2 col. de texte, br. et 3 vol. gr. in-8 contenant 288 pl. gr. *coloriées* et montées sur onglets, cart. non rog.

112. Roze (Ernest). Atlas des Champignons comestibles et vénéneux de la France et des pays circonvoisins contenant 72 planches en couleur... dessinées d'après nature avec leurs organes reproducteurs amplifiés par Charles Richon... accompagné d'une monographie de ces 229 espèces et d'une histoire générale des champignons comestibles et vénéneux... *Paris, Doin*, 1888, 1 vol. en 9 fascicules in-4, pl. en *couleur* et fig. en feuilles dans des cartons dos de perc. bleu.

113. Toussenel (A.). L'Esprit des bêtes, zoologie passionnelle. Mammifères de France. Troisième édition, revue et corrigée. — Le Monde des oiseaux, ornithologie passionnelle, 3 vol. — *Paris, Dentu*, 1855-1859. — Ens. 4 vol. in-8, portr. gr. demi-rel. chag. r. dos orné.

114. Traité des Bâtiments propres à loger les animaux, qui sont nécessaires à l'économie rurale. Contenant des règles sur les proportions, les dispositions et les emplacements, qu'il convient de donner aux écuries, aux étables, aux bergeries, aux poulaillers, aux ruchers, etc. Avec 50 planches. *Leipzig, Voss*, 1802, gr. in-4, front, et pl. gr. demi-rel. v. f. dos orné (*Purgold.*)

115. WURTZ (Ad.). Dictionnaire de Chimie pure et appliquée, comprenant la chimie organique et inorganique, la chimie appliquée à l'agriculture et aux arts, la chimie analytique, chimie physique et la minéralogie, 3 tomes en 5 vol. — Supplément ; 2 vol. — *Paris, Hachette, s. d.* — Ens. 7 vol. gr. in-8 à 2 col. fig.br.

------

116. Bibliothèque (Petite) littéraire (auteurs anciens). *Paris, Lemerre,* 1869-1884, 18 vol. pet. in-12 pap. vergé, portr. ou front. gr. à l'eau-forte, br. et 2 albums in-8 de pl. gr. à l'eau-forte dans des cartons, dos de perc. verte.

OEuvres de Mathurin Regnier. — Réflexions, ou Sentences et maximes morales de La Rochefoucauld. — Arioste. Roland furieux ; 4 vol. — Dante Alighieri. La Divine Comédie ; 2 vol. — Le Décaméron de Jean Bocace ; 5 vol. — L'Heptaméron des Nouvelles de Marguerite d'Angoulesme, Royne de Navarre ; 3 vol. avec la *suite des dix-huit eaux-fortes gr. par Nic. Martinez d'après Freudenberg.* — Scarron. Le Roman comique ; 2 vol. avec la *suite des douze eaux-fortes gr. par L. Monziès d'après les dessins de Henri Pille.*

117. Bossuet. OEuvres complètes, précédées de son Histoire par le cardinal de Bausset et de divers éloges. Edition renfermant tous les ouvrages édités jusqu'à ce jour collationnés sur les textes les plus corrects par une Société d'Ecclésiastiques. *Bar-le-Duc, Guérin,* 1870-1871, 12 vol. in-4, à 2 col. portr. gr. br.

118. Byron (Lord). OEuvres complètes, avec notes et commentaires, comprenant ses Mémoires publiés par Thomas Moore et ornées d'un beau portrait de l'auteur. Traduction nouvelle par M. Paulin Paris. *Paris, Armand Aubrée,* 1830-1831, 13 vol. in-8, portr. gr. sur acier, v. vert marb. (*Rel. un peu défraîchie.*)

Cette traduction, d'après la méthode littérale, renferme de bonnes notes et quelques essais de traduction en vers, par M. Paulin Paris.

119. Collection Lemerre (classiques français). *Paris, Lemerre,* 1872-1878, 16 vol. in-8, pap. de Hollande, portr. gr. br.

OEuvres complètes de Théodore Agrippa d'Aubigné publiées par MM. Eug. Réaume et de Caussade, 5 vol. (*tomes I à V*). — La Chanson de Roland, traduction nouvelle par L. Petit de Julleville. — Les Caractères ou les Mœurs de ce siècle par La Bruyère, avec une notice et des notes par Ch. Asselineau ; 2 vol. — Les Essais de Montaigne, par E. Courbet et Ch. Royer ; 4 vol. (*tomes I à IV*). — Les Pensées (et les Provinciales) de Blaise Pascal avec préfaces et notes par Auguste Molinier ; 4 vol.

120. — sur le XVIII* siècle. *Paris, Rouveyre,* 1879-1881, 5 vol. in-8, pap. vergé, frontispices gr. à l'eau-forte, br. *couvertures illustrées.*

La Comédie et la Galanterie au XVIII* siècle, par Adolphe Jullien. —

Mémoires du duc de Lauzun, précédés d'une étude sur Lauzun et ses Mémoires, par Georges d'Heylli. — La Société galante et littéraire au XVIIIe siècle, par Honoré Bonhomme. — L'Opéra secret au XVIIIe siècle, par Adolphe Jullien. — La Ville et la Cour au XVIIIe siècle (le même).

121. CORNEILLE (Pierre). OEuvres. Nouvelle édition, revue sur les plus anciennes impressions et les autographes et augmentée de morceaux inédits, des variantes, de notices, de notes, etc. par Ch. Marty-Laveaux. *Paris, Hachette*, 1862, 12 vol. in-8 de texte, br. et 1 album gr. in-8 de portr. pl. et fac-similés, en feuilles.

122. JUVÉNAL. Satires, traduites par J. Dusaulx. Nouvelle édition. *Paris, Didot jeune*, 1804, 2 vol. in-4, texte latin et traduction française en regard, portr. gr. demi-rel. chag. vert avec coins, dos orné, fil. tête r. non rog.

123. MIRABEAU. Discours et opinions, précédés d'une Notice historique sur sa vie par M. Barthe, avocat ; et de l'oraison funèbre prononcée par Cérutti lors de ses funérailles ; d'un parallèle de Mirabeau et du cardinal de Retz, par le comte Boissy-d'Anglas ; et des jugemens portés sur Mirabeau par Chénier et M. le comte Garat. *Paris, Kleffer et Aug. Caunes*, 1820, 3 vol. in-8, portr. gr. demi-rel. v. f. avec coins, dos orné, tête r. ébarbé.

124. MOLIÈRE. — Réimpression des Editions originales des pièces de Molière. Réimpression textuelle par les soins de Louis Lacour. *Paris, Librairie des Bibliophiles*, 1867-1877, 24 vol. pet. in-12, pap. vergé, br. *couvertures*.

Les Précieuses ridicules. — L'Estourdy. — Sganarelle. — Dépit amoureux. — L'Escole des femmes ; front. — La Critique de l'Escole des femmes. — L'Escole des maris ; front. — Le Mariage forcé. — Le Bourgeois gentilhomme. — Le Médecin malgré luy ; front. — Le Misanthrope ; front. — Le Sicilien. — Tartuffe. — Monsieur de Pourceaugnac. — Amphitryon. — L'Avare. — George Dandin. — Les Fourberies de Scapin. — Les Femmes savantes. — Psyché. — Les Plaisirs de l'Isle enchantée. — L'Amour Médecin ; front. — Les Fascheux. — Le Malade imaginaire.

125. MONTAIGNE. Essais. *Paris, Bastien*, 1783, 3 vol. in-8, portr. gr. v. ant. marb. dos orné, fil. tr. dor.

Edition estimée, imprimée sur très beau papier, et beaucoup plus soignée pour la correction que plusieurs autres du même éditeur. Elle contient une bonne table, et l'on y a suivi l'ortographe ancienne.

126. OUVRAGES publiés par la Librairie des Bibliophiles. *Paris, Libr. des Bibliophiles*, 1873-1885. — Réunion de 14 vol. in-16 et in-12, br. *couvertures*.

OEuvres diverses de Paul de Molènes ; 6 vol. portr. et 5 front. gr. à l'eau-forte. (*Exemplaire sur papier de Hollande*). — Gentil Bernard. L'Art d'aimer, poème en trois chants publié par F. de Marescot. (*Exemplaire sur papier Whatman*). — E.-A. Spoll. Mme Carvalho, avec un portrait à l'eau-forte par Lalauze. — Odes d'Anacréon traduites en vers par Henry

Vesseron. — Poésiés de Anacréon nouvellement traduites et accompagnées d'une préface, par Maurice Albert. Compositions d'Emile Lévy gravées à l'eau-forte par Champollion. — J. Redelsperger. Paquerette. Eaux-fortes de Chauvet. — Maranzakiniana. Nouvelle édition, conforme à l'original précédée d'une notice par Philomneste junior (G. Brunet). — J. de Berchoux. La Gastronomie, poème en quatre chants, publiée par Félix Desvernay. — Alexis Piron. La Métromanie, comédie en cinq actes précédée d'une notice par F. de Marescot.
Les 2 derniers volumes sont sur PAPIER DE CHINE.

127. PASCAL. Pensées publiées d'après le texte authentique et le seul vrai plan de l'Auteur, avec des notes philosophiques et théologiques et une notice biographique, par Victor Rocher. *Tours, Mame,* 1873, gr. in-8, papier vélin, portr. sur Chine, br. *couverture.*

128. SÉVIGNÉ (Mme de). Lettres de Madame de Sévigné, de sa famille et de ses amis recueillies et annotées par M. Monmerqué. Nouvelle édition, revue sur les autographes, les copies les plus authentiques et les plus anciennes impressions... *Paris, Hachette,* 1862-1866, 14 vol. in-8 de texte et 1 album gr. in-8 de portr. pl, et fac-similés, demi–rel. chag. r. dos orné.
De la *Collection des Grands Ecrivains de la France.*

---

129. BAPST (Germain). Le Maréchal Canrobert. Souvenirs d'un siècle. *Paris, Plon-Nourrit,* 1898-1904, 3 vol. in 8, port. en héliogravure et cartes, br.

130. BARBIER. Chronique de la Régence et du règne de Louis XV (1718-1763) ou Journal de Barbier. Première édition complète, conforme au manuscrit autographe de l'auteur... accompagnée de notes et d'éclaircissements et suivie d'un index. *Paris, Charpentier,* 1866, 8 vol. in-12, demi-rel. v. f. dos orné.

131. BEAUCHESNE (A. de). Louis XVII, sa vie, son agonie, sa mort ; captivité de la famille royale au Temple. Troisième édition enrichie d'autographes et ornée des portraits de la famille royale gravés en taille-douce sous la direction de M. Henriquel Dupont. *Paris, Plon,* 1861, 2 vol. in-8, 6 portraits gr. fac-similés, et plan, demi-rel. chag. brun.

132. BIBLIOTHÈQUE des Mémoires relatifs à l'Histoire de France et Nouvelle Bibliothèque classique. *Paris, Librairie des Bibliophiles,* 1876-1891, 15 vol. in-12, br.
Mémoires : d'Agrippa d'Aubigné, publiés par Ludovic Lalanne. — Sur la Bastille, par H. Monin. — De la D^me de Brancas, par Eugène Asse. — De l'Abbé de Choisy, par M. de Lescure ; 2 vol. — De Mme Du Hausset, par H. Fournier. — De Mme de La Fayette, par Eug. Asse. — De Louvet de Couvrai, par F.-A. Aulard ; 2 vol. — De Marmontel, par Maurice Tour-

neux ; 3 vol. — Mémoires du chevalier de Grammont, par Antoine Hamilton, publiés par M. de Lescure. — Secondat de Montesquieu. Considérations sur les causes de la grandeur des Romains et de leur décadence publiées par G. Franceschi. — La Satyre ménippée. Edition nouvelle, avec introduction et éclaircissements par M. Ch. Read.

Les 12 premiers volumes sont sur PAPIER DE HOLLANDE et le dernier est sur PAPIER DE CHINE.

133. BISMARCK. Mémoires, recueillis par Maurice Busch ; 2 vol. — Pensées et Souvenirs, par le prince de Bismarck. par E. Jaeglé ; 2 vol. — *Paris*, 1898-1899. — Ens. 4 vol. in-8, portr. br.

134 CANTU (César). Histoire des Italiens, traduite sous les yeux de l'auteur par M. Armand Lacombe sur la deuxième édition italienne. *Paris, Firmin-Didot*, 1879-1862, 12 vol. in-8, br.

135. CHUQUET (Arthur). Les guerres de la Révolution. *Paris, Plon, s. d.,* 11 vol. in-12, cartes et plans, br.

La première Invasion prussienne. — Valmy. — La Retraite de Brunswick. — Jemmapes et la conquête de la Belgique. — La Trahison de Dumouriez. — L'expédition de Custine. — Mayence. — Wissembourg. — Hoche et la lutte pour l'Alsace. — Valenciennes. — Hondschoote.

136. — La Jeunesse de Napoléon ; 3 vol. — Docteur Cabanès. Napoléon jugé par un Anglais. — Emile Bourgeois et E. Clermont. Rome et Napoléon III. — *Paris,* 1897-1907. — Ens. 5 vol. in-8, portr. br.

137. COURTÉPÉE (l'abbé) et BÉGUILLET. Description générale et particulière du duché de Bourgogne, précédée de l'abrégé historique de cette province. Deuxième édition, augmentée de divers Mémoires et pièces. *Dijon, Lagier*, 1847 1848, 4 vol. in-8, carte, plans et fig. gr. demi-rel. v. f. avec coins, dos orné à petits fers, fil. tête dor. ébarbé.

138. CRÉQUY (la Marquise de). Souvenirs ; de 1710 à 1803. Nouvelle édition revue, corrigée et augmentée. *Paris, Garnier frères, s. d.* (1840), 10 tomes en 5 vol. in-12, 9 portr. et planche d'armoiries, br.

139. Fox (J.-C.) et W. PITT. Discours prononcés au Parlement d'Angleterre, traduits de l'anglais et publiés par MM. H. de Janvry et P. L. de Jussieu. Troisième édition. *Paris, Brière,* 1831, 12 vol. in-8, 2 portr. lithog. demi-rel. v. f. avec coins de vélin, dos orné, tête r. ébarbé.

Cachet sur le titre du tome 1.

140. GAILLARDIN (Casimir). Histoire du règne de Louis XIV. Récits et tableaux. *Paris, Lecoffre*, 1871-1879, 6 vol. in-8, br.

141. GUIZOT : Mémoires pour servir à l'Histoire de mon temps. Deuxième édition ; 8 vol. — Histoire parlementaire de France.

Recueil complet des Discours prouoncés dans les Chambres de 1819 à 1848 (complément des Mémoires pour servir à l'Histoire de mon temps) ; 5 vol. — *Paris, Michel Lévy*, 1859-1867. — Ens. 13 vol. in-8, br.

142. Hanotaux (Gabriel). Histoire de la France contemporaine (1871-1875). *Paris, Combet*, 1903-1906, 3 vol. in-8, portr. en héliogravure, br.

Tomes I à III.

143. Haussmann (le baron). Mémoires. *Paris, Victor Havard*, 1890-1893, 3 vol. in-8, 3 portr. br.

144. Lavisse (Ernest). Histoire de France depuis les origines jusqu'à la Révolution, publiée avec la collaboration de MM. Bayet, Bloch, Carré, Coville, Langlois, Lemonnier, Luchaire, Mariejol, Vidal de La Blache... *Paris, Hachette*, 1903-1906, 7 tomes en 14 vol. in-4, cartes et fig. br.

Tomes I à VII.

145. Loliée (Frédéric) : Les Femmes du second Empire (papiers intimes). — La Fête Impériale. — La Vie d'une Impératrice. Eugénie de Montijo. *Paris, Juven*, 1906-1907. — Ens 3 vol. in-8, nombr. fig. et fac-similés, br. *couvertures illustrées.*

146. Marie-Antoinette. Correspondance secrète entre Marie-Thérèse et le Cte de Mercy-Argenteau, avec les lettres de Marie-Thérèse et de Marie-Antoinette. Publiée avec une introduction et des notes, par M. le Chevalier Alfred d'Arneth et M. A. Geffroy. *Paris, Firmin-Didot*, 1874, 3 vol. gr. in-8, fac-similé, br.

147. Martin (Henri) : Histoire de France depuis les temps les plus reculés jusqu'en 1789. Quatrième édition ; 17 vol. — Histoire de France depuis 1789 jusqu'à nos jours. Deuxième édition ; 4 vol. (*Tomes I à IV*). — *Paris, Furne*, 1861-1880. — Ens. 21 vol. in-8, portr. gr. br.

148. Mémoires sur la vie publique et privée de Fouquet, par A. Chéruel ; 2 vol. — Mémoires de l'abbé Le Gendre, chanoine de Notre-Dame, publiés par M. Roux. — Mémoires de Madame d'Epinay. Edition nouvelle et complète avec des additions, des notes et des éclaircissements inédits par M. Paul Boiteau ; 2 vol. — *Paris, Charpentier*, 1862-1863. — Ens. 5 vol. in-8, demi-rel. v. f. dos orné.

149. — d'Histoire contemporaine. — Réunion de 9 vol. in-8, br.

Mémoires du Général Marquis Alphonse d'Hautpoul, 1789-1865,

publiés par Estienne Hennet de Goutel. *Paris,* 1906, portr. gr. —
Journal et correspondance intimes de Cuvillier-Fleury, publiés par
Ernest Bertin. *Paris,* 1903, 2 vol. 2 portr. en héliogravure. — Mémoires
du duc de Persigny publiés par M. H. de Laire Cte d'Espagny. *Paris,*
1896, portr. gr. — En Orient. Impressions et réminiscences (par le
Cte Nicolas Adlerberg). *Saint-Pétersbourg,* 1867, 2 vol. — Vicomte de
Gontaut-Biron. Mon Ambassade en Allemagne (1872-1873), avec un
avant-propos et des notes par André Dreux. *Paris,* 1906, portr. en héliogravure. — Vicomte de Meaux. Souvenirs politiques, 1871-1877. *Paris,*
1905. — Ma double vie. Mémoires de Sarah Bernhardt, avec de nombreuses illustrations dont plusieurs en couleur. *Paris,* 1907.

150. Metternich (le Prince de). Mémoires, Documents et écrits
divers, publiés par son fils le prince Richard de Metternich,
classés et réunis par M. A. de Klinkowstrœm, 1773-1848.
Paris, Plon, 1880-1882, 5 vol. in-8, portr. gr. à l'eau-forte et
fac-similé, br.

Tomes I à V.

151. Michaud. Histoire des Croisades. Huitième édition. *Paris,
Vivès,* 1853, 4 vol. in-8, 4 frontispices gr. demi-rel. chag. r.
dos orné.

152. Pignot (J.-Henri) : Histoire de l'Ordre de Cluny depuis la
fondation de l'abbaye jusqu'à la mort de Pierre-le-Vénérable
(909-1157) ; 3 vol. — Un Evêque réformateur sous Louis XIV.
Gabriel de Roquette, évêque d'Autun, sa vie, son temps et le
Tartuffe de Molière ; 2 vol. — Histoire de la Réforme et de la
Ligue dans la ville d'Autun, par Hippolyte Abord, avocat ;
3 vol. — *Paris et Autun,* 1855-1887. — Ens. 8 vol. in-8, br.

153. Plantet (L.) et L. Jeannez. Essai sur les Monnaies du
Comté de Bourgogne depuis l'époque gauloise jusqu'à la réunion de la Franche-Comté à la France sous Louis XIV. *Lons-
le-Saunier, Robert,* 1855, in-4, 15 pl. de monnaies gr. demi-
rel. v. bleu dos orné.

154. Recueil des Causes célèbres et des arrêts qui les ont déci-
dées, rédigé par Maurice Méjan, avocat à la Cour de cassation.
Seconde édition. *Paris, Garnery,* 1808-1814, 21 vol. in-8,
demi-rel. v. brun dos orné.

Collection complète.
Le tome XXI ou tome II du procès de Louis XVI est incomplet du titre.

155. Révolution française. — Réunion de 5 vol. in-8, dont
3 br. et 2 en demi-rel. v. f. avec coins.

Essai sur la Révolution française depuis 1789 jusqu'à l'avènement au
trône de Louis-Philippe d'Orléans le 7 août 1830, par M. de Norvins. *Paris,*
1832, 2 vol. — Correspondance inédite de La Fayette, 1793-1801, précédée
d'une étude psychologique par Jules Thomas. *Paris, s. d.* portr. gr. à
l'eau-forte. — Camille Desmoulins, Lucile Desmoulins. Etudes sur les

Dantonistes, par Jules Claretie. *Paris,* 1875, portr. sur Chine. — Biographie du Général Baron Testot-Ferry et exposé des événements militaires de 1792 à 1815, par Mignard. *Paris,* 1859.

156. RÉVOLUTION française et Ier Empire. — Réunion de 9 vol. in-8, dont 1 rel. et 8 brochés.

Mémoires de Madame Roland, publiés par Cl. Perroud. *Paris,* 1905, 2 vol. 2 portr. en héliogravure. — Mémoires du Lieutenant Général de Suremain (1794-1815), publiés par un de ses petits-neveux, avec 2 portraits. *Paris,* 1902. — Mémoires de Madame la Marquise de La Rochejaquelein. Sixième édition. *Paris,* 1848, cartes gr. — Mémoires du Général Bon de Dedem de Gelder, 1774-1825. *Paris,* 1900, portr. gr. — Mémoires posthumes, lettres et pièces authentiques touchant la vie et la mort de Ch.-Fr. duc de Rivière (par Alissan de Chazet). *Paris,* 1829. — Mémoires et Souvenirs du Baron Hyde de Neuville. *Paris,* 1890-1892, 3 vol. po rtr. planche et fac-similés.

157. ROUVEYRE (Edouard). Connaissances nécessaires à un Bibliophile. Troisième édition ; 2 vol. — Connaissances nécessaires à un Amateur d'objets d'art et de curiosité, par Ancel Oppenheim. — Traité complet de la science du Blason à l'usage des bibliophiles, archéologues, amateurs d'objets d'art et de curiosité, etc., par Jouffray d'Eschavannes. — *Paris, Rouveyre,* 1879-1880. — Ens. 4 vol. in-8, pap. vergé et fig. br.

158. SAINT-SIMON. Mémoires complets et authentiques sur le siècle de Louis XIV et la Régence, collationnés sur le manuscrit original, par M. Chéruel et précédés d'une notice par M. Sainte-Beuve. *Paris, Hachette,* 1856-1861, 13 vol. in-12, br.

159. THIÉBAULT (le Général B^{on}). Mémoires publiés sous les auspices de sa fille Mlle Claire Thiébault, d'après le manuscrit original, par Fernand Calmettes, 1769-1820. *Paris, Plon,* 1894-1895, 5 vol. in-8, portr. en héliogravure, br.

160. THOMAS (Edme). Histoire de l'antique Cité d'Autun, illustrée et annotée (publiée par M. l'abbé Devoucoux). *Autun et Paris,* 1846, in-4, planche gr. et pliée et fig. demi-rel. chag. vert.

Piqûres d'humidité.

161. VAULABELLE (Achille de). Histoire des deux Restaurations jusqu'à l'avènement de Louis-Philippe (de janvier 1813 à octobre 1830). Septième édition, revue avec le plus grand soin par l'Auteur. *Paris, Garnier, frères, s. d.* 8 vol. in-8, demi-rel. chag. r. avec coins, dos orné, fil. tête dor.

162. VIVIEN DE SAINT-MARTIN. Histoire de la Géographie et des découvertes géographiques depuis les temps les plus reculés jusqu'à nos jours, accompagnée d'un atlas historique en douze feuilles. *Paris, Hachette*, 1873-1874, 1 vol. gr. in-8 de texte et 1 atlas in-fol. de 12 cartes gr. en couleur et montées sur onglets, demi-rel. chag. vert, plats perc. dos orné, tr. dor.

---

163. Sous ce numéro il sera vendu en lots, à l'issue de la vacation, un certain nombre de bons ouvrages modernes, principalement sur les Belles-Lettres et l'Histoire, Livres illustrés, etc.

N° 1339

Tours, Imprimerie TOURANGELLE, 20-22, rue de la Préfecture.